APPEL
A
TOUS LES COMMERÇANTS

PAR

O. NADAUD.

Prix : 30 cent.

EN VENTE,
CHEZ GARNIER FRÈRES, LIBRAIRES,
12, rue de Richelieu et Palais-National,
ET CHEZ TOUS LES LIBRAIRES.

1850

APPEL

A TOUS LES COMMERÇANTS

Par O. NADAUD.

> Veut-on défricher un champ? il ne faut pas gratter la terre, il faut la défoncer.
>
> *Réflexions morales*, page 128. Vicomte de L.

Dans des vues d'amélioration et de soulagement pour la classe commerçante, bien des recherches ont été faites, plus ou moins infructueuses les unes et les autres. Cela tient sans doute à ce que, bercé de chimériques espérences, on a cherché à appliquer des remèdes à des maux incurables.

Un des premiers abus, celui que peut être il importe le plus de réformer, parce qu'il frappe sur une des premières nécessités, a jusqu'ici échappé aux réformateurs et aux progressistes.

C'est celui-là précisément que nous nous proposons de détruire ; c'est-à-dire qu'au lieu d'en faire une chose préjudiciable au commerçant, nous voulons que cette obligation qui lui est imposée lui devienne fructueuse.

Après avoir pris l'avis de personnes importantes et compétentes, nous nous sommes convaincu que notre idée était avantageuse au commerçant, à quelque catégorie qu'il appartienne, et c'est cette idée dont nous voulons atteindre légalement la réalisation, si, comme nous l'espérons, le concours des commerçants, les seuls intéressés dans la question, nous est acquis d'une manière utile.

La proposition dont l'Assemblée nationale va être saisie et qui sera appuyée par plusieurs représentants influents qui ont approuvé notre projet, amènera, nous n'en doutons pas, le résultat que nous cherchons.

Mais avant tout, nous devions consulter les intéressés, c'est-à-dire les commerçants, et c'est dans ce but que nous nous sommes décidé à faire paraître cette petite brochure, destinée uniquement à les éclairer sur leurs véritables intérêts, voulant tout simplement leur expliquer nos intentions, afin que, lorsque sous peu de jours ils seront appelés à signer la pétition présentée à l'Assemblée nationale, ils soient instruits à l'avance du but que nous nous proposons.

Objet de la Pétition.

Nous attaquons ici un usage établi depuis longues années, mais en le combattant, nous ne nuisons à aucun intérêt particulier légitime; seulement, nous voulons régulariser avec justice un acte qui, jusqu'ici, n'a été préjudiciable qu'au commerçant à qui il cause un tort réel comme nous allons le prouver.

De temps immémorial, il est un usage qu'aucun texte de loi ne vient appuyer; lorsqu'un marchand, fabricant ou négociant, veut louer une boutique ou un local pour son industrie, quelle quelle soit, le propriétaire exige de celui qui loue le paiement anticipé de six mois d'avance, et même souvent d'une année de loyer.

Dans quel but cette exigence?

Dans le but uniquement de garantir au propriétaire le paiement des termes à échoir.

Par la raison facile à comprendre que les marchandises placées dans les magasins ou les boutiques étant ou pouvant être assujetties à une revendication, et le mobilier dans certaines industries étant de peu d'importance, le propriétaire ne se trouverait pas garanti suffisamment.

Ceci est d'une vérité incontestable ; mais s'il est juste que l'intérêt du propriétaire qui loue soit sauvegardé, il ne l'est pas moins rigoureusement aussi que l'intérêt légitime du commerçant locataire ne soit pas lésé.

Ainsi il est bien établi qu'en entrant dans un magasin, une boutique, un atelier, tout commerçant ou fabricant, à moins d'exceptions très-rares, est tenu de verser une somme qui en résumé n'est pas encore due, puisqu'il n'est débiteur envers le propriétaire qu'aux termes échus. Il se démunit donc d'une somme plus ou moins importante suivant le prix de sa location, somme qui est souvent bien nécessaire, surtout pour celui qui commence un commerce.

C'est donc une somme dont, pendant six mois, il perd forcément l'intérêt; et de plus, comme de six mois en six mois, il est toujours dans l'obligation de rester en avance, on peut dire avec raison que, pendant toute la durée de son commerce, il perd, chaque année, l'intérêt de la moitié de son loyer.

Supposons, ce que nous voyons sans rien exagérer, un commerçant, ayant un loyer de 6,000 francs, qui reste dix ans dans la même boutique. Il aura, chaque année, versé par avance la somme de 3,000 francs, en deux payements de six mois en six mois. Il aura, sans profit aucun pour lui, perdu chaque année l'intérêt de cet argent, c'est-à-dire 150 francs par an à l'intérêt légal de 5 p. 100, et pour ces dix ans, 1,500 francs, ou 1,887 francs 13 cent. intérêts capitalisés.

Si, au lieu de cela, au moyen de la solution que nous proposons, cet argent eût été placé différemment, avec la même sécurité pour le propriétaire, en cumulant les intérêts, il eût bénéficié d'une somme plus forte encore que les 1,500 francs.

Supposez encore des locations de 20,000 fr. par an comme nous en connaissons : celle dont nous parlons existe depuis vingt-un ans. Calculez ce qu'aurait produit à ce commerçant cette somme de 10,000 francs, versée chaque année comme avance de six mois en six mois.

A qui profite, en résumé, cette somme versée par avance? au propriétaire, qui naturellement fait valoir son argent et en tire intérêt. Le marchand, sans s'en douter, subit ainsi une augmentation de loyer qui est, chaque année, égale au montant de l'intérêt de l'argent qu'il verse par anticipation. Prenons un exemple pour rendre plus frappant notre raisonnement.

Il existe des passages appartenant à un seul propriétaire. Chaque commerçant y subit la loi commune, c'est-à-dire verse par avance six mois.

Nous en connaissons un entre autres dans lequel il existe près de cent boutiques. L'une dans l'autre est louée au plus bas 2,000 francs.

C'est donc 100,000 francs dont le propriétaire touche chaque année l'intérêt, sans qu'en aucune manière cet intérêt lui soit dû. C'est donc cet intérêt (5,000 francs) que, d'année en année perdent les locataires de ce passage.

Si maintenant nous passons dans les quartiers opulents, où certaines boutiques sont louées depuis nombre d'années, 10, 15, 20, et même 24,000 francs, nous verrons qu'année par année, les marchands de ces quartiers perdent, sans aucune compensation avantageuse, l'intérêt de sommes importantes. On comprend facilement dès lors que le marchand qui a pour 3, 4, 5 ou 10,000 francs de loyer perd chaque année, tant que dure son commerce, l'intérêt bien légitime de la moitié de ces 3, 4, 5 ou 10,000 francs, et que sa location est tout naturellement augmentée de cette perte.

Nous ne voulons en rien diminuer la garantie que doit avoir le propriétaire, garantie qui est de justice rigoureuse, mais ce que nous voulons, c'est que le marchand ou fabricant ne perde pas chaque année le revenu, ou plutôt l'intérêt des sommes qu'il verse chaque six mois par avance à son propriétaire, avant même d'être son débiteur ; et puisque c'est une nécessité inattaquable, que celle de garantir le propriétaire de son loyer par ce versement anticipé, nous voulons qu'au moins le locataire commerçant jouisse de l'intérêt de son argent, et ce qui paraît minime pour une année prendra de l'importance en quatre, cinq ou dix ans, de telle sorte que ces sommes et leurs intérêts accumulés d'année en année produiront un capital assez important pour subvenir à des besoins sérieux, tels que l'éducation ou l'établissement des enfants, ou leur remplacement militaire sans aucun déboursé.

Nous nous sommes demandé quel était le moyen le plus propre à réaliser ce but, et nous n'en avons trouvé qu'un qui garantisse en même temps les intérêts légitimes du propriétaire et soit profitable en même temps au commerçant.

C'est dans ce sens donc que la pétition soumise à l'Assemblée nationale sera rédigée ; c'est en ne demandant que les choses possibles, justes et d'une exécution facile, que l'on peut arriver à des améliorations avantageuses; et c'est aussi dans cette mesure que nous voulons rester : en prenant l'initiative, nous avions besoin de consulter l'opinion du commerce avant de lui soumettre la pétition à signer.

Pour arriver à ce résultat notre moyen est bien simple; nous voulons obtenir qu'au lieu de verser les six mois d'avance au propriétaire, le locataire d'une boutique, d'un magasin, d'un atelier, effectue ce versement dans les caisses de l'Etat, où cet argent lui portera intérêt, c'est-à-dire à la caisse des dépôts et consignations. Au moyen d'un récépissé détaché d'un registre à souche, le nouveau locataire justifiera au propriétaire du versement des six mois d'avance.

Et comme cet argent déposé comme garantie des loyers ne pourra être retiré que par le propriétaire, en cas seulement de non-payement des termes échus, le propriétaire aura toujours sa garantie sous la main; seulement, comme le titre du versement sera au nom du locataire commerçant, c'est à lui que l'intérêt de cet argent sera payé chaque année, si mieux il n'aime laisser les intérêts se capitaliser , ce qui serait plus avantageux.

D'un autre côté , le locataire sortant d'une boutique, sur une quittance définitive de son propriétaire, rentrerait dans les fonds versés par lui ; mais au moins son argent lui aurait porté intérêt pendant tout le cours de sa location.

Bien que nous ne nous proposions pas ici l'intérêt du trésor, il est bien évident aussi que l'Etat y trouverait l'avantage d'avoir à sa disposition des capitaux assez considérables, dont il n'aurait qu'à servir l'intérêt. C'est ce que nous démontrons par le tableau ci-annexé, basé sur des calculs exacts et plutôt au-dessous de la réalité.

Telle est la question que nous soumettons au commerce et à l'industrie.

Elle vous paraîtra comme à nous claire et facile, et nous avons voulu de cette manière faire connaître en entier notre projet, afin que lorsque la pétition qui doit être présentée à l'Assemblée nationale sera soumise à l'adhésion des commerçants, ils en connaissent à l'avance le but et la portée. Des agents, munis d'une carte émanant de notre bureau, seront seuls chargés de présenter la pétition, *et sans pouvoir exiger aucune rétribution.*

TABLEAU.

Nous prenons au hasard quelques passages pour fixer l'importance des sommes versées ainsi et dont l'intérêt est perdu pour les commerçants en boutique.

Le passage de l'Opéra, par exemple, rapporte 160,000 fr., c'est donc 80,000 fr. dont l'intérêt est perdu pour les marchands de ce passage. (Soixante-quatre boutiques.)

Le passage des Panoramas rapporte plus de 150,000 fr.; c'est donc 75,000 fr. dont l'intérêt est perdu pour les gens en boutique.

Le passage Choiseul rapporte 140,000 fr.; c'est donc 70,000 fr. dont l'intérêt est perdu pour les marchands.

Les passages Verdeau et Jouffroy, où il y a

cent boutiques, rapportent 160,000 fr.; c'est donc 80,000 fr. dont l'intérêt est perdu pour les gens en boutique.

Passage du Saumon, cent boutiques; c'est donc 90,000 fr. dont l'intérêt est perdu.

Nous pourrions citer encore les rues Vivienne, de la Paix et autres, pour prouver ainsi l'énorme somme d'intérêt que perdent chaque année les marchands. Nous nous bornerons à faire un calcul bien simple.

Il y a à Paris plus de quatre-vingt mille marchands en boutique ou magasin; nous mettons comme moyenne pour prix de location de chaque boutique 1,800 fr. Eh bien, rien qu'à ce taux, cela porterait à 72,000,000 le capital dont chaque année le revenu est perdu pour la classe marchande, à qui très-justement il appartient.

Nos calculs sont de beaucoup encore au-dessous de la vérité; mais ils peuvent servir de base pour fixer l'opinion.

C'est donc approximativement près de 4,000,000 d'intérêt perdu pour le commerce en boutique chaque année.

Par exemple :

Nous supposons un commerçant ayant 6,000 francs de loyer.

Il verse le 1er janvier 1850 six mois d'avance, soit.	3,000 fr.
Au 1er avril il verse le 1er terme, soit :	1,500 »
Au 1er juillet, le 2me, soit	1,500 »
Au 1er octobre, le 3me, soit.	1,500 »
Au 1er janvier 1851, il complète la totalité du loyer de son année par un dernier versement de.	1,500 »
TOTAL.	9,000 fr.

Pour la première année seulement.

Le propriétaire aura donc reçu 9,000 francs qui lui auront porté intérêt, tandis qu'il ne lui en était dû que 6,000, et cela au détriment du commerçant qui est son locataire.

Nous prions donc tous les commerçants de donner leur adhésion lors de la présentation de la pétition.

Imp. Bénard et Cie., 2, rue Damiette.

www.ingramcontent.com/pod-product-compliance
Lightning Source LLC
LaVergne TN
LVHW021531140926
848035LV00047B/1294

* 9 7 8 2 0 1 4 0 1 9 5 9 9 *